GOUVERNEMENT GÉNÉRAL
DE L'AFRIQUE OCCIDENTALE FRANÇAISE

CONFÉRENCE

SUR

LA FRANCE
EN AFRIQUE OCCIDENTALE

Des Origines à nos jours

PAR

Georges WIDAL

AVOCAT

PARIS

ÉMILE LAROSE, LIBRAIRE-ÉDITEUR

11, RUE VICTOR-COUSIN

1910

LA FRANCE
EN AFRIQUE OCCIDENTALE

Des Origines à nos jours

EXPOSITION INTERNATIONALE DE BRUXELLES

GOUVERNEMENT GÉNÉRAL
DE L'AFRIQUE OCCIDENTALE FRANÇAISE

CONFÉRENCE

SUR

LA FRANCE
EN AFRIQUE OCCIDENTALE

Des Origines à nos jours

PAR

Georges WIDAL

AVOCAT

PARIS

ÉMILE LAROSE, LIBRAIRE-ÉDITEUR

11, RUE VICTOR-COUSIN

1910

Mesdames, Messieurs,

Vous parler de l'Afrique Occidentale française, même sous la forme cursive de la conférence qui, sur cette terre de Belgique servit si souvent de cadre à un exposé en langue française, c'est attirer votre curiosité sur un ensemble de pays différents d'aspects, de situation géographique, de mœurs, de religions, voire même d'habitants, mais soudés les uns aux autres et abrités sous le drapeau de la France par un effort demi-séculaire de volonté tenace, de plan méthodiquement suivi, de même que par une poussée continue d'énergies collectives et particulières, lesquelles en ces lointaines contrées de l'Ouest-Africain, s'épanouirent en une efflorescence que je traiterais d'admirable, si ma qualité de Français n'imposait certaines limites à ma fierté patriotique.

L'Histoire impartiale, en consacrant d'ailleurs un chapitre à cette œuvre dans le livre des Épopées, lui donnera l'épithète nécessaire.

Et maintenant, au moment même de parler, je suis comme effrayé de ma témérité. Que dire sur ce sujet qui ne l'ait été déjà, et de quelle façon, par chacun des deux hommes éminents qui avaient consenti à m'amener jusqu'à vous sous l'égide de leur bienveillant patronage ! L'un, l'illustre homme d'État, le grand Français qui, au sein des Conseils du Gouvernement, fut l'inspirateur, le créateur de l'Afrique Occidentale française, indiquant ses profondes raisons d'être, marquant ses aspirations, M. Eugène Etienne ; l'autre, qui doit son universelle renommée à ses écrits et à ses discours, ces derniers, prononcés, soit dans les principales villes de l'Europe, où il attirait une foule avide de recueillir sa merveilleuse parole, soit dans une chaire de notre Sorbonne, où il donnait un tour scientifique à ses aperçus sur l'organisation et l'évolution de l'Afrique Occidentale, soit à la tribune du Parlement, où il ne cesse de marquer l'influence de ses conseils sur la direction de la politique extérieure de la France, j'ai nommé M. Lucien Hubert.

Ce n'est donc pas sans émotion que je prie le délégué de l'Afrique Occidentale, mon honorable ami M. François, de faire agréer par M. le Gouverneur général Ponty, l'hommage de ma gratitude pour l'honneur dont il a bien voulu me charger.

*
* *

L'Afrique Occidentale française, c'est le groupement administratif des colonies du Sénégal, du Haut-Sénégal et Niger, de la Guinée, de la Côte d'Ivoire, du Dahomey et des territoires de la Mauritanie. Elle représente une superficie d'environ 2.220.000 kilomètres carrés, soit quatre fois environ celle de la France continentale.

Toutes ces colonies viennent en bordure de la mer, sauf celle du Haut-Sénégal et Niger, plus populairement connue sous le nom de Soudan ; celui-ci comprend les territoires situés entre le Sénégal et le Niger, ainsi que ceux de la boucle du Niger ; il va, vers le Nord jusqu'à la Mauritanie et aux contrées de l'Extrême Sud-Algérien, vers l'Est, jusqu'au Borkou et au

Tibesti, proches du Haut-Nil et au Sud par le Tchad, il se confond avec l'Afrique équatoriale française. Le Soudan est donc le massif central de l'Afrique Occidentale française, en quelque sorte son épine dorsale, puisque toutes les autres provinces s'en détachent comme de véritables vertèbres, mais qui se ramifieraient d'un seul côté, celui touchant à l'Atlantique et au golfe du Bénin.

On peut, en vérité, comparer les colonies de l'Afrique Occidentale française à autant de chambres, séparées les unes des autres par des cloisons étanches et ouvrant chacune sur une galerie commune, le Haut-Sénégal et Niger qui les desservirait toutes, car des enclaves étrangères les séparent : la Gambie anglaise située entre le Sénégal et la Casamance, la Guinée portugaise entre la Casamance et la Guinée française, Sierra Leone et Liberia entre cette même Guinée et la Côte d'Ivoire ; Gold-Coast et le Togo-Land entre la Côte d'Ivoire et le Dahomey.

Aussi bien, lorsque la pensée se porte vers ces territoires, elle y évoque les populations variées et bariolées qui les habitent : au Nord, ce sont les Maures, au teint hâlé, à la longue robe bleue, grands pasteurs de troupeaux et dont la silhouette, par la force même du paysage ambiant, remémore l'attitude des personnages bibliques ; au Centre, ce sont les Touareg, voilés de noir, armés de lances et de boucliers, montés sur de solennels méharis ; plus au Sud, ce sont les Toucouleurs, aux formes athlétiques, les Bambaras, à l'allure décidée et guerrière, les Peulhs, dont le masque trahit la parenté avec les peuples de l'Égypte ancienne et dont les traits semblent reproduits sur quelque sarcophage du Louvre ou du British

Muséum ; à l'Ouest, ce sont les Ouolofs agiles et gais, les gens de Saint-Louis et de Rufisque, commerçants avisés et ouvriers habiles aux métiers manuels.

Et quelle diversité de sites et de paysages apparaît en même temps : dunes ondulées et mouvantes de la Mauritanie, steppes nues du Sahara, massifs rocheux du Niger, larges fleuves d'Afrique dont les bords sont égayés par la note pittoresque de cités lacustres, verdure presqu'helvétique du Fouta Djalon ; morne tristesse de la dense forêt équatoriale, flore gigantesque ; faune bigarrée, mugissement des flots se brisant, dans une blanche poussière d'écume, sur d'inhospitalières côtes, tous ces aspects se présentent à l'esprit, comme sur un immense plan en relief, qui se déroulerait à l'infini. Ce serait vraiment à croire, devant ce coup d'œil d'ensemble, que, pour accomplir ce vaste circuit d'Afrique, nous ayons pris passage à bord d'un magique biplan, lequel décrirait dans le ciel des cercles immenses et que, les lois de la perspective étant renversées, notre champ visuel en arrive à se confondre avec un horizon aux limites féériques.

Touchons maintenant le sol et prenons pied ; puis comme après tout voyage, où les choses vues prêtent à la réflexion, recueillons-nous et méditons.

Cet immense empire qui part des rivages de la mer pour se perdre là-bas, là-bas, vers les régions où le soleil se lève, dans l'infini des sables, qui rassemble sous une direction commune des pays si différents, qui n'existait pas, il y a soixante ans, dont la pensée fut conçue vers 1860 et dont les premières assises furent jetées en 1880 ; cet immense empire, aujourd'hui en pleine force d'administration, en pleine puissance politique, en pleine activité économique, d'où nous avons entendu monter jusqu'à nous comme une rumeur de peuples au travail, où les villes se fondent et se développent, où les champs de culture gagnent sans cesse sur les friches, où les ports se creusent et s'animent, où les vôies ferrées se nouent comme de longs rubans d'acier pour resserrer les distances, créant partout où elles passent la richesse et la vie ; cet immense empire sur toute l'étendue duquel règne désormais la paix française, entraînant par l'application d'une civilisation rationnelle, un prodigieux mouvement dans les esprits, accompagné d'une transformation merveilleuse dans les âmes ; cet immense empire, quelle est donc son histoire ? Quels en furent les fondateurs ? Quelle suite d'événements grandioses, héroïques, constitue la trame de cette chanson de geste à qui, il ne manque, pour l'entonner, que le souffle épique d'un d'Esparbès ? À quels travaux de guerre et surtout de paix, à quelle œuvre d'humanité doit-il d'exister ? C'est le récit que je vais entreprendre, essayant de mettre chacun à la place qui est sienne, n'oubliant ni la tradition historique, ni la conception politique, ni la conquête militaire, ni l'exploration scientifique, ni l'action diplomatique, ni l'effort administratif, ni le labeur commercial, donnant le relief nécessaire à cette incomparable méthode, chef-d'œuvre d'esprit de suite qui, attestant la continuité de l'histoire et unissant, à travers les âges, le présent au passé, par les liens mystérieux d'un atavisme indéniable, montre que la faculté d'expansion n'est pas la moindre des vertus nationales de la France.

* *
*

Mesdames, Messieurs, les droits de mon pays sur
les côtes occidentales d'Afrique remontent à 1626.
Des marins de Rouen et de Dieppe vinrent alors, dans
le but de commercer avec les indigènes, fonder un
comptoir dans l'île de Saint-Louis, près de l'embouchure du Sénégal. A cette époque reculée, toutes les
nations maritimes de l'Europe voyaient partir de leurs
ports, de hardis coureurs vers les côtes d'Afrique. C'est
ainsi qu'à Arguin et à Gorée, les Hollandais entrèrent
en compétition avec les Anglais. Les Français devinrent par la suite maîtres de ces deux comptoirs.

Dans cette installation à la côte d'Afrique, ne voyez
cependant le résultat d'aucune politique préconçue.
C'étaient de simples établissements de marchands,
qui se livraient en grand à la traite des esclaves. Cette
traite ne tarda pas à tomber, selon la mode du
temps, entre les mains de compagnies spécialement
créées pour le Sénégal. Leur histoire du reste fut
plutôt lamentable; elles se succédèrent rapidement,
se liant les unes aux autres par des engagements, où
la curiosité la plus minutieuse suivrait à peine les
traces impalpables d'une fugitive bonne foi.

Une seule figure éclaire cette nuit des temps, celle
d'André Brue, qui fut directeur du Sénégal jusqu'en 1724. Je salue sa mémoire, comme celle d'un
devancier. Il avait compris que les établissements de la
côte ne pouvaient être qu'un prétexteà une extension
vers l'intérieur. Il en augmenta le nombre, s'étendit
jusqu'à la Gambie et fit explorer le Bambouk à la
recherche de mines d'or.

Pendant les guerres du xviiie siècle et l'Empire, les luttes étaient à la fois continentales et coloniales ; aussi les établissements du Sénégal servirent d'enjeu dans ces interminables parties d'échec. Tour à tour, Saint-Louis et Gorée étaient ravies à la France ou lui étaient restituées. En 1815, les traités de Vienne les lui rendirent d'une façon définitive.

Une mission française composée de fonctionnaires civils et militaires revint en prendre possession en 1816. La *Méduse* faisait partie de la division navale qui la portait ; vous connaissez l'histoire légendaire de son naufrage sur le banc d'Arguin. C'est le naufrage-type ; il fait encore l'effroi des personnes timorées qui s'aventurent pour la première fois sur les mers.

- Cependant l'époque d'avant 1850 ne présente pas que cet intérêt anecdotique. L'observation des faits y signale un premier effort qui, sous la forme d'une tentative d'ordre commercial et agricole, ne tend à rien moins qu'à propager vers l'intérieur l'influence politique de la France. Des traités avec les Maures Trarzas et Braknas permirent de fonder des établissements de culture dans le Oualo, région située à l'intérieur de la courbe décrite par le Sénégal avant d'arriver à Saint-Louis. Dagana, Richard-Toll furent fondés ; le commerce de la gomme devint florissant.

Ainsi s'ébaucha le premier de ces mouvements en avant qui finirent à la longue par déplacer le centre des possessions françaises dans cette partie de l'Afrique. Toutefois les coloniaux de ce temps n'étaient pas des politiques, aucune idée générale ne les guidait, comme plus tard leurs successeurs ; c'étaient des empiriques, livrés aux contingences, incapables de dégager l'avenir, qu'ils n'entrevoyaient peut-être que confusément. Ils subissaient l'attirance des lointains mystérieux et se laissaient entraîner, comme par un phénomène de subconscience, sans dégager, je crois, la portée future de leurs actes. Ces actes étaient néanmoins heureux.

En effet, la base de l'Afrique française, c'était alors Gorée, la cité prospère, le marché bien fourni où venaient s'échanger, contre l'or du nouveau monde, de misérables troupeaux humains, que de hardis chasseurs d'esclaves allaient capturer jusqu'aux rivages du Gabon.

Cependant cette fortune n'aura qu'un temps ; en Europe, de bons et généreux esprits s'émeuvent qui à grands coups d'idées, mettront fin à cet état de lèse-humanité. Il faudra plus tard détourner vers d'autres buts l'activité commerciale : mais avant de les fixer, il était nécessaire de les avoir découverts.

Ainsi la tâche future était inconsciemment frayée par ces essais de colonisation, cette ébauche de politique avec les peuplades riveraines du Sénégal, ces voyages d'exploration dont la hardiesse frappe de stupeur en songeant aux difficultés d'hier encore et quand on pense qu'en 1827, soutenu par sa seule volonté, René Caillié, donnant aux indigènes cet alibi qu'il était un Arabe d'Egypte, enlevé par les Français, lors de leur expédition au Caire, emmené par son maître au Sénégal, affranchi par lui et rentrant en Egypte auprès de ses parents, partait de la Gambie, traversait le Fouta, atteignait le Niger, après avoir suivi la voie du chemin de fer actuel de la Guinée, séjournait à à Tombouctou et se mêlant aux caravanes, atteignait le Maroc, en rapportant cette vérité géographique que le Niger ne se confondait pas avec le Nil.

Après Caillié, ce fut Raffenel qui, dans un premier voyage, en 1843, se rendit au Boundou, à la hauteur de Kayes, et dans un second, en 1846, explora le Kaarta et étudia les Bambaras.

Le premier pas était ainsi fait vers le Soudan.

Cette lente poussée vers l'intérieur du continent africain qui commençait alors et qui allait insensiblement vers 1890, reporter sur les hauts plateaux du Niger, le centre de l'action française n'était donc pas, je le répète, l'effet d'une politique préconçue. On ne recherchait que l'occasion de commercer, de faire des échanges, d'acquérir des connaissances géographiques ; c'était la période romantique où, sous l'influence d'une abondante littérature de voyages, de courageux jeunes gens rêvaient de dépasser les héros de leurs livres favoris, comme plus tard la lecture des romans de Jules Verne devait faire naître tant de vocations maritimes.

Les actes des gouverneurs du Sénégal dénotent bien alors une politique d'expansion, mais plutôt vers les côtes voisines que vers l'intérieur. L'explication en est facile. Officiers de marine pour la plupart, ils avaient commandé la station navale des côtes occidentales d'Afrique ou y avaient servi ; ils étaient, par goût professionnel, partisans des comptoirs maritimes. Des environs de 1840 datent ces établissements fondés à Sédhiou, au Rio-Nunez chez les Nalous, la cession d'Assinie, de Grand-Bassam dont on peut dire que ce fut l'origine de la Casamance, de la Guinée, de la Côte d'Ivoire, véritables rejetons de cet arbre ancestral, le Sénégal. Les amiraux Baudin, Fleuriot de Langlé, Bouet-Villaumez qui jetèrent les bases de ces établissements ou en firent l'acquisition furent donc, eux aussi, des ouvriers de l'Afrique Occidentale française.

C'est en 1854 que devait naître l'idée de créer une Afrique Occidentale française. Entendez par là l'établissement d'une sphère d'influence, à l'intérieur de laquelle l'action française pourrait rayonner, la fondation d'un empire dont le centre de gravité devait être fixé à un endroit tel, que quel que soit le choc reçu, son équilibre serait préservé de toute rupture, en un mot l'organisation d'une puissance économique et d'une domination politique qui dépasseraient les limites d'un pouvoir protecteur sur quelques comptoirs isolés et feraient de la France l'incontestable souveraine des régions à elle soumises. Cette création ne pouvait nécessairement résulter que d'une série de conceptions d'ensemble, minutieusement fouillées dans le détail et se commandant les unes aux autres par une sorte d'enchaînement logique.

L'inventeur de cette idée est le général Faidherbe. Je disais qu'elle naquit en 1854 parce que c'est l'année même où Faidherbe arriva au Sénégal.

Il n'était alors que capitaine du génie et directeur des travaux publics. Jamais physionomie ne refléta mieux le caractère qu'elle renfermait. Sur cette figure sévère, de coupe ascétique, aux yeux brillants d'un tel éclat que l'abri de verres épais ne pouvait l'atténuer, à la moustache rude que relevait parfois un mélancolique et bienveillant sourire, se déchiffrait une de ces inébranlables volontés qui mettent au service d'une indicible activité des trésors de méthode pratique, d'observation éclairée, de sagesse politique, d'expérience universelle.

De Faidherbe se dégageait l'allure véritable d'un chef.

L'ascendant d'un pareil homme devint rapidement irrésistible. Les habitants du Sénégal s'adressèrent à Napoléon III pour lui demander que Faidherbe devint leur gouverneur ; ce vœu fut exaucé. Faidherbe se mit alors à l'œuvre et la création de l'Afrique Occidentale française commença.

Il fallait d'abord consolider la puissance de la France au Sénégal et y étendre le champ où s'exerçait cette puissance. Car, dans la pensée de Faidherbe, qui portait en lui, le rêve de la Gaule africaine, le Sénégal, c'était la cellule organique, la cellule mère, dont les autres cellules constitutives de ce grand corps, aujourd'hui si solide, l'Afrique Occidentale frànçaise, allaient successivement et nécessairement sortir.

En 1854, la France n'était maîtresse que de Saint-Louis et de Gorée ; il est vrai que sur les bords du Sénégal, des commerçants avaient fondé des postes, des escales, pour y faire le commerce de la gomme et de l'arachide. Mais l'existence de ces établissements n'était que précaire. Elle suivait toujours le bon vouloir des Maures Trarza et Brakna qui, par ces traités que j'ai déjà mentionnés, n'assurait la tranquillité des escales qu'à la condition que le commerce leur payât des tributs en nature auxquels l'usage donna le nom de coutumes.

Ces Maures passaient fréquemment sur la rive gauche et y razziaient les populations que leur audace terrorisait. Il en était ainsi depuis Dagana, plus haut que Saint-Louis, sur le Sénégal jusque vers Bakel au seuil du Haut-Fleuve.

Le premier but de Faidherbe tendait à débarrasser les riverains du Fleuve de la suzeraineté des Maures et à la remplacer par celle de la France. Il essaya d'abord de la persuasion, et lui substitua bientôt la force ; ce fut plus efficace. De là, ces colonnes qui de 1854 à 1858, partaient annuellement de Saint-Louis, sous les ordres directs du gouverneur et placèrent successivement sous l'influence française les régions riveraines du fleuve le Oualo, le Dimar, le Toro et le Damga. Mais Faidherbe avait trop d'intelligence pratique pour se contenter d'autre chose que d'une occupation effective.

Des fortins furent construits qui, en cas d'attaque, devaient servir de refuge et en tout cas, d'entrepôts pour les traitants, Podor, Saldé, Matam. D'ailleurs Faidherbe, dans son livre sur le Sénégal, rend cette justice à ses anciens adversaires, les Maures Trarza et Brakna qu'ils furent respectueux de la foi jurée dans les traités qu'il leur imposa en 1858.

Le sécurité régnait dans les régions avoisinant le fleuve. Faidherbe avait accompli la première partie de sa tâche.

En 1859, la colonie du Sénégal commençait ainsi à prendre forme. Elle était en pleine croissance, mais il fallait la protéger. Faidherbe pensa que sa sécurité ne serait assurée — c'était une locution familière à cet officier du génie — que par une série de forts détachés. Leur ligne semblait indiquée par le cours du Haut-Fleuve.

Cet esprit méthodique procédait par étapes. Dans sa conception, cette frontière du Haut-Fleuve n'était que provisoire, car ça devait devenir une nécessité inéluctable que de la reporter progressivement plus loin pour englober d'autres territoires et de l'étendre jusqu'au Niger, plus tard même d'y enserrer ce fleuve.

Les destinées du Sénégal étaient liées à cette marche en avant. L'avenir colonisateur de la France en dépendait. Plus l'ennemi serait éloigné des portes de Saint-Louis, plus la tranquillité régnerait dans la basse vallée du Sénégal et dans les contrées avoisinantes. Et Faidherbe avait une connaissance trop profonde des hommes et des choses de cette partie de l'Afrique pour ignorer que l'ennemi de l'influence, de la puissance française, c'étaient ces fondateurs d'empires qui dans le centre, dans le Soudan, empruntaient leur autorité à cette force latente de propagande que contiennent en elles les doctrines de l'Islam, exploitées par des hommes entreprenants, l'appuyaient sur la terreur et à la tête de cohortes nombreuses et aguerries, se lançaient comme des fléaux à travers des régions, où leur rapacité trouvait d'inappréciables razzias de butins et d'esclaves, qu'ils enrôlaient en partie dans leurs troupes et dont ils expédiaient le reste vers les fructueux marchés du nord, au Maroc, où leur achalandage en bétail humain ne restait pas sans clients.

Cet ennemi était d'autant plus redoutable qu'il était admirablement entraîné par des luttes perpétuelles contre ses rivaux, j'allais dire ses concurrents, dont les moyens d'action tendaient à la même fin, que de plus, une mobilité surprenante lui permettait d'échapper à toute poursuite à travers des contrées, réputées alors inaccessibles et qu'il était assuré de trouver un refuge dans ces cités soudanaises, transformées par lui, en arsenaux, en citadelles et où, au fond de grands palais, d'architecture bizarre, moitié casernes, moitié mosquées, il se reposait des travaux de la guerre, par des plaisirs orgiaques, relevés parfois de sacrifices humains.

Aux alentours de 1890, nous retrouverons encore, comme en 1860, des empires soudanais; leur constitution n'aura pas varié et ce sera toujours, de la part de ces noirs hardis, de terribles chevauchées qui ressemblent aux extravagantes équipées des hommes d'armes du moyen âge.

La perspicacité de Faidherbe ne l'avait pas trompé lorsqu'il escomptait la venue de ces formidables adversaires.

Dès 1854, El Hadj Omar s'était mis en marche de Dinguiraye pour envahir le Bambouk.

C'était un Toucouleur qui tenait son titre de marabout d'un assez long séjour à la Mecque, d'où il avait rapporté une certaine réputation de savoir et de sainteté. Il semble que le souvenir d'Abd el Kader dont la gloire était parvenue jusqu'à lui, l'ait piqué d'émulation. Il prêcha la guerre sainte, et jura de refouler les Français, dont il se proposait d'englober les territoires dans un vaste empire musulman. Faidherbe le rejeta du Bambouk et fortifia Bakel; en 1855, il se porta sur Kayes et fit commencer à Médine les travaux de construction d'un fort; c'est l'endroit où le Sénégal cesse d'être navigable, même pendant les hautes eaux.

C'est ainsi que l'état de guerre avec El Hadj Omar avait amené Faidherbe à porter jusqu'au Haut-Fleuve la ligne de défense du Sénégal; il suivait rigoureusement son plan.

Mais en 1857, El Hadj Omar fait un retour offensif et met le siège devant Médine. La défense qu'y fit un mulâtre du Sénégal, Paul Holl, à la tête d'une poignée de braves, quarante tirailleurs, tout au plus, a pris dans les récits de guerre du Soudan, l'allure d'une légende. M. Etienne, l'évoquait dernièrement encore, dans un de ses plus vibrants discours. Faidherbe forçant les étapes, vient débloquer Médine ; El Hadj Omar se retire sur Nioro, non sans subir plusieurs défaites. En 1860, il s'avoue vaincu et signe avec la France un traité de paix où il reconnaît comme limites du Sénégal la Bafing, de Bafoulabé à Médine ; puis il s'enfonce dans la boucle du Niger où il fonde l'Etat du Macina.

Faidherbe en avait définitivement terminé avec El Hadj Omar. Il ne lui restait plus qu'à opérer la concentration sous son gouvernement de tous les pays situés entre le fleuve, au Nord et à l'Est, la mer à l'Ouest et le fleuve Gambie au Sud, à constituer en un mot le pays qui est la colonie actuelle du Sénégal. Il en avait, à l'avance, assuré la protection, au Nord et à l'Est. En 1859. il passe des traités avec les rois du Baol, du Sine et du Saloum ; depuis le Cap-Vert jusqu'à l'embouchure du Saloum, l'autorité de la France était alors reconnue. En 1861, traité avec le chef du Cayor ; la côte entre Saint-Louis et le Cap-Vert tombait sous la domination de la France. D'énergiques campagnes contre Lat-Dior et d'autres chefs du Cayor soumettaient définitivement cette province. Il y eut bien encore quelques sursauts ; mais ce n'étaient plus que des échauffourées locales.

Faidherbe rendait donc à son œuvre une justice bien due, lorsqu'il disait, à un départ du Sénégal, en 1865 : « Mon devoir est accompli, j'ai donné à la « France une colonie qui indique qu'elle peut être

« prospère. Il ne faut pas que le Sénégal s'arrête à
« Bakel ; il faut que le Sénégal prolonge sa voie sur
« Bafoulabé en deux ans et qu'il attaque le Niger en
« dix ans ».

Vous le savez : c'était une conception stratégique
que cette idée bien nette, d'aller jusqu'au Niger, le
déborder pour pénétrer dans le Soudan central ; mais
c'était encore un vaste projet d'économie colonisatrice.

Et je ne sais vraiment ce qu'il faut admirer le plus,
chez le grand homme qu'était Faidherbe ou cette
incomparable aptitude aux choses de la guerre, qui
résultait chez lui d'un mélange bien dosé de sang-
froid et d'ardeur ou ce don inné de pénétrante intui-
tion qui lui avait fait deviner, par delà les steppes
quelquefois arides du Soudan occidental, encore
toutes rougeoyantes des incendies allumés par les
fameux combats qu'il y livra à El Hadj Omar, les fer-
tiles régions de la boucle nigérienne où un optimisme,
qui n'est pas de convention puisqu'il animait déjà
ce rare esprit, permet d'entretenir de magnifiques
espoirs que l'avenir réalisera.

Notez qu'il n'est pas exagéré de parler de divination,
car en 1863 Faidherbe partait d'une hypothèse, lorsqu'il envoyait le lieutenant de vaisseau Mage, dans le
Macina, pour remplir auprès d'El Hadj Omar une mission, d'où résulterait une politique de pénétration vers
le Niger. C'était une des principales explorations qu'il
fit faire dans ces régions de l'Ouest-Africain ; en 1860,
il avait déjà envoyé le capitaine Vincent, en Mauritanie, dans l'Adrar ; en 1861, il fit partir Bou el Mog-
dad, noir de Saint-Louis, de Dagana au Maroc, en
traversant le Sahara occidental ; plus tard, l'enseigne

de vaisseau Bourel chez les Braknas et vers le Tagant ;
plus tard encore le lieutenant Pascal dans le bassin
de la Falémé et du Bafing ; enfin le lieutenant Lam-
bert dans le Fouta Djallon.

Le général Faidherbe pressentait, vous le voyez.
l'intérêt que devaient présenter ces futures provinces
de l'Afrique française et il inaugurait l'ère des missions exploratrices que ses successeurs devaient continuer plus tard.

Mais c'est à la préparation de la mission Mage qu'il
donna tous ses soins, car elle était la réalisation de
ses plus intimes et chères pensées.

Dans ses instructions à Mage, le 7 août 1863,
Faidherbe écrivait : « Cette mission consiste à explo-
« rer la ligne qui joint nos établissements du Haut-
« Sénégal avec le Haut-Niger et spécialement avec
« Bamako, qui paraît le point le plus rapproché en
« aval duquel le Niger ne présente peut-être plus
« d'obstacles sérieux à la navigation jusqu'au saut de
« Boussa.

« Le but serait d'arriver quand le gouvernement
« jugera à propos d'en donner l'ordre, à créer une
« ligne de postes distants d'une trentaine de lieues
« entre Médine et Bamako ou tout autre point connu
« sur le Haut-Niger qui paraîtrait plus convenable
« pour y créer un point commercial sur ce fleuve si au
« moyen des postes dont je vous ai parlé et qui servi-
« raient de lieux d'entrepôts pour les marchandises et
« les produits et de points de protection pour les
« caravanes, nous pouvions créer une voie commer-
« ciale entre le Sénégal et le Haut-Niger, n'aurions-
« nous pas lieu de supplanter par là le commerce du
« Maroc avec le Soudan ? »

Vous voyez l'hypothèse : elle consistait à prédire l'intérêt que la France retirerait de l'occupation de la ligne du Haut-Sénégal au Niger, au moyen de postes-comptoirs, le Sénégal devenant ainsi la voie d'accès au Soudan.

Or, ce voyage de Mage, remarquable vous l'entendez, non pas tant par les découvertes géographiques qui en résultèrent que par l'idée même qui l'avait fait naître : la pénétration du Soudan et son annexion au Sénégal, confirma en tout point les prévisions du général Faidherbe.

Il ne lui appartenait pas de réaliser ce programme. L'exécution n'en fut commencée que quinze ans plus tard, en 1880, mais en suivant sa méthode et en s'inspirant de ses vues.

Car Faidherbe était un chef, un maître. Il avait formé des disciples, cette phalange glorieuse d'officiers qui, élevés à son école, étaient savants, humains, dans la mesure des événements de la guerre.

C'est à eux que revient la gloire d'avoir, en suivant ses directives, opéré la conquête du Soudan.

*
* *

Dans la série de campagnes qui dureront alors près de vingt ans, la France rencontra trois adversaires redoutables : Ahmadou, fils d'El Hadj Omar, qui s'était taillé un fief dans le Nord-Est de la ligne française de pénétration, au Kaarta ; Samory, qui se trouvait au Sud-Ouest, dans le Ouassalou et le marabout Mamadou Lamine. Vous connaissez la nature de leur puissance ; je l'ai analysée en exposant le plan conçu par

Faidherbe dès 1860. Malgré leurs repaires, où ils se réapprovisionnaient et refaisaient leurs forces, Ahmadou, Samory, Mamadou Lamine étaient, tout comme El Hadj Omar, des empereurs nomades.

Samory toutefois mérite une page à part dans l'histoire de ces chefs soudanais.

Une grande passion l'avait touché de son aile, la passion de la guerre et c'était même son exaltation de l'amour filial qui l'avait amené à devenir un chef d'armée.

Celui qui devait, un jour, conquérir un empire de 400.000 kilomètres carrés, régner sur un million et demi de sujets, Mandingués et Bambaras, qu'il fit passer du fétichisme à l'islamisme après s'y être converti lui-même, parce qu'il savait la force de la religion musulmane, et la puissance contenue dans le titre qu'il s'était octroyé, almamy, commandeur des croyants, celui qui élevait des mosquées, construisait des écoles, percevait des dîmes sur les mines d'or du Ouassalou, élaborait un budget militaire, commandait à 50.000 guerriers, s'entourait d'une garde d'honneur, les Sofas, prêts à l'ultime sacrifice, changeait de tactique comme d'armement au cours d'une campagne, celui qui était stratège, politique, tellement unique en son genre, qu'un officier demandant à son interprète le signalement de l'almamy, afin d'être à même de le reconnaître, au milieu du combat, si le sort le favorisait, obtenait cette réponse : « quand tu le verras, tu diras c'est lui », celui qui s'était ménagé des bases d'opérations comme Kankan, Kérouané, Bissandougou, menaçant même la Côte d'Ivoire, s'appuyant pour faire la guerre sur la colonie anglaise de Sierra-Leone et envoyait des émissaires jusqu'à

Londres, celui-là qui s'était surnommé le Napoléon des noirs, cet homme extraordinaire, avouez-le, symbolisait un prodige d'ascension sociale, car il avait commencé sa carrière comme simple colporteur.

Pendant une de ses absences, le chef de son pays Sodi Ibrahim avait razzié son village et emmené sa mère en esclavage. Samory vint s'offrir à sa place.

« Je te garde, lui répondit le chef, et je garde « aussi ta mère; quand tu auras assez travaillé, je la « renverrai. Choisis toi-même ce que tu veux faire « pour la racheter ».

— « La guerre ! » En jetant ce cri instinctif, Samory avait décidé de son avenir. Et pendant sept ans, sept mois et sept jours, au bout desquels sa mère fut en sûreté, disent les bardes soudanais, le futur sultan se battit, étendant sa renommée, se préparant au rôle pour lequel il était né.

C'était à cet adversaire peu banal que les chefs des colonnes expéditionnaires du Soudan, les élèves de Faidherbe, tels Borgnis-Desbordes, Archinard, Combes, Galliéni allaient, entre autres, se heurter.

Leur gloire ne peut qu'en recevoir plus d'éclat. Je ne sais si vous vous rendez un compte exact des difficultés de tout genre que rencontraient ces héroïques officiers. Ils se lançaient à travers des pays dont la topographie était mal connue, où le ravitaillement en vivres et en munitions, loin de toute base d'opérations, ne s'opérait que grâce à des efforts inouïs, où toujours la fièvre bilieuse, où parfois la fièvre jaune faisaient des victimes, n'épargnant ni les plus résistants, ni les mieux trempés; il leur fallait parfois soumettre des régions anarchiques où la loi du plus fort était la seule connue et où les luttes permanentes entre les régions, les villages et même les individus avaient développé au plus haut degré les qualités combatives, à tel point que dans la prise des villages bambaras, bâtis en terre et entourés d'un mur d'enceinte, le « tata », la lutte durait souvent plus de vingt-quatre heures, pied à pied, dans un dédale de ruelles et ne se terminait qu'après que le chef s'était fait sauter avec sa famille et les derniers défenseurs, comme Bamigou-Diara fit à Ouessébogou.

Et pour accomplir ces sublimes folies de quels effectifs, ces chefs disposaient-ils? Quelques centaines d'hommes, un millier au plus. C'était peu en proportion des forces que l'ennemi mettait en ligne.

Mais ils avaient avec eux ces soldats que Faidherbe employa pour la première fois en 1857, dans sa campagne contre El Hadj Omar, les tirailleurs sénégalais dont il devient banal de dire que ce sont de magnifiques troupes. Un de leurs chefs valeureux, M. le colonel Mangin, leur décernait ces temps derniers le plus bel éloge qu'ils pouvaient recevoir, en lançant cette idée patriotique, qu'avec son sens aigu et pénétrant des choses africaines, M. le gouverneur général Ponty prenait sous son haut patronage, de leur assigner comme emploi, d'être la suprême réserve de l'armée nationale.

Que de temps ne faudrait-il pas pour raconter ces prodiges de paladins! Le mot est archaïque, sans doute; mais il peint bien la chose, presqu'une chose d'autrefois. Ne s'agissait-il pas d'une sorte de croisade? C'était, en effet, à une guerre contre l'esclavage que les armés de la France allaient se livrer. Car les El Hadj Omar, les Samory, les Ahmadou, les Mamadou Lamine étaient de féroces chasseurs d'esclaves.

Il semble qu'à l'apparition du drapeau tricolore, la liberté naissait sur le sol soudanais; les populations nigériennes, délivrées de l'affreux cauchemar de la servitude, reprenaient sans retard la tâche que leur réservaient la nature et la paix.

Des hommes comme Borgnis-Desbordes, Galliéni, Archinard et les autres, véritables prêtres de la religion du Devoir donnaient ainsi leur maximum d'énergie; ils soutenaient et fortifiaient par un perpétuel exemple d'abnégation et de ténacité les troupes dont ils répondaient. Que de volontés, même les mieux intentionnées, s'émoussent parfois si elles ne sont pas exaltées par le stoïcsime d'un chef!

Et puis, que leur manquait-il, pour aller, suivant une expression chère au soldat français, jusqu'au bout du monde? Leurs troupes étaient les meilleures qui se puissent imaginer; l'opinion, dont ils étaient les héros légendaires, leur prêtait son patriotique appui. Le sous-secrétaire d'Etat d'alors, le chef actuel du parti colonial français, se tenait malgré la distance, en contact permanent avec eux. Il les suivait, les réchauffait de toute son ardeur communicative et savait, au milieu des occupations multiples et pressantes du pouvoir, trouver le temps nécessaire de leur envoyer ces affectueux billets, où l'homme, mettant toute la délicatesse de son âme, remplit celle d'autrui d'une émotion réconfortante, tant il est vrai de dire que M. Eugène Etienne n'a jamais cessé d'être l'ardent foyer où se réfléchissent en un lumineux faisceau les intelligences et les cœurs de tous les coloniaux de France.

Ecoutez, fait comme au pas de charge, le récit de ces campagnes.

Faidherbe était arrivé au Haut-Fleuve en 1860. Suit, vous le savez, une période d'inaction qui dure près de deux décades.

Brière de l'Isle, gouverneur du Sénégal en 1879, remonte le cours du Haut-Fleuve et fonde Bafoulabé. L'influence française reprend alors sa marche ; les projets de Brière de l'Isle sont vastes : il fait étudier le projet d'un chemin de fer reliant le Haut-Sénégal au Niger en même temps qu'il engage une action diplomatique avec Ahmadou, fils d'El Hadj Omar et qui règne au Niger sur les Toucouleurs de Ségou. Il envoie vers lui le futur général Galliéni, alors capitaine d'infanterie de marine. Brière de l'Isle s'efforçait de faire reconnaître sans conflit par Ahmadou à la France un droit de police sur les rives du Niger depuis ses sources jusqu'à Tombouctou en même temps que de lui assurer une condition commerciale privilégiée dans l'empire de Ségou. Mais Ahmadou retient Galliéni prisonnier et ne fait étalage que de duplicité.

L'épreuve est faite ; le succés ne dépendra désormais que du seul emploi de la force.

En 1881, le colonel Borgnis-Deshordes, commandant supérieur du Haut-Fleuve, le remonte encore plus haut que Bafoulabé, et fonde Kita.

Les postes français sont face au Niger ; encore quelques étapes et il sera atteint. Pas encore cependant, car, en 1881-1882, le colonel Desbordes ne peut avancer, occupé qu'il est à contenir Samory, qui tente de ravager les rives du Haut-Fleuve.

Mais en février 1883, après avoir battu les Bambaras, Borgnis-Desbordés atteint le Niger et s'établit à Bammako.

Pendant que les colonnes s'avançaient, les ouvriers du chemin de fer jetaient le rail.

En vain Samory s'opposa-t-il à l'avancée sur le Niger, il est battu et de 1883 à 1886 les colonnes Combes et Frey fondent des postes plus avancés sur le fleuve.

La paix est faite avec Samory mais la guerre reprend en 1886 avec Mahmadou Lamine, qui avait envahi le Boundou au sud du Sénégal et attaqué Bakel. Galliéni est alors commandant supérieur. Il défait Mahmadou Lamine et joignant la finesse diplomatique aux talents de l'homme de guerre, il sait tirer de ses victoires un profit fructueux. Résultats, en effet : toutes les tribus du Sénégal, jusqu'à la Gambie anglaise offrent leur soumission ; les territoires situés entre le Haut-Sénégal et Niger rejoignent la Casamance et le Saloum sénégalais. Bien mieux, le colonel Galliéni obtient de Samory, par l'intermédiaire du capitaine Péroz, son envoyé, un traité de protectorat cédant aux Français les territoires de la rive gauche du Niger jusqu'au confluent avec le Tankisso.

L'établissement d'une base d'opérations et de ravitaillement sur le Niger allait permettre de rayonner en tous sens. Tous les territoires dont l'ensemble devait former l'Afrique Occidentale française commençaient à ne constituer qu'un morceau d'un seul tenant, chaque campagne apportant sur le métier une pièce nouvelle.

En ces années 1888-1890, l'œuvre est vivement menée. Le colonel Archinard qui est à ce moment commandant supérieur part vers le Nord contre Ahmadou et menace Nioro, résidence du sultan. Puis, faisant une rapide volte-face, il se tourne vers le Sud où il négocie avec Samory dont il obtient une amélioration du traité Péroz ; l'almamy cède à la France la rive gauche du Niger, au Sud de son confluent avec le Tinkisso. Encore un morceau apporté à l'ensemble.

En 1890, Archinard, descendant le Niger, s'empare de Ségou, la capitale d'Ahmadou ; ce dernier, à la suite d'autres défaites, se voit réduit au Kaarta.

A cette époque, le centre de l'action française s'était donc déplacé ; il avait, du Haut-Fleuve où il était fixé depuis 1860, passé sur le Niger. En effet, la France allait en amont de Bamako jusqu'à Siguiri et Kouroussa ; en aval, elle occupait Ségou. Ahmadou était rejeté au Nord vers Nioro, Samory était refoulé vers le Sud.

Ayant son centre au Niger, l'action française va désormais rayonner sur un périmètre plus étendu ; l'évolution veut, en effet, que chaque centre nouveau se trouve tangeant ou à peu près à la courbe décrite par l'ancien cercle d'influence. Voyez plutôt : le centre primitif, c'était Gorée, et le rayon d'influence ne dépassait pas Saint-Louis et sa banlieue ; quand le centre se trouvait à Saint-Louis, l'extrémité du rayon aboutissait à Bakel, puis quand ce fut ensuite Bakel, le cercle passait entre le Haut-Sénégal et le Niger ; enfin, quand le centre se trouva sur le cours supérieur du Niger, le rayon se prolongeant indéfiniment, la sphère allait démesurément s'étendre. C'est une vérité de sociologie coloniale, que cette loi des centres régissant la création et le fonctionnememt des possessions d'outre mer.

Dans ses écrits et dans ses discours, notamment dans ses leçons en Sorbonne sur l'Afrique occidentale française, M. Lucien Hubert, qui en est l'auteur, l'a dégagée avec une netteté saisissante et formulée avec une incomparable maîtrise.

Fort de son point d'appui, de sa base solide sur le Niger, le colonel Archinard, en 1891, s'élance plus avant ; il déloge Ahmadou de Nioro ; les troupes françaises paraissent alors au Sahel ; le Nord du Soudan est dégagé et Ahmadou disparaît dans le Macina.

De 1891 à 1892, le colonel Humbert, successeur d'Archinard, s'avance beaucoup plus vers le Sud ; il s'étend sur la rive droite du Niger, vers le Milo, affluent du Niger, dans le but de refouler Samory. Il s'empare de Kerouané et de Sanankoro ; les Français occupaient désormais les rives du Milo, et, de ce côté, le cercle s'agrandissait encore.

En 1892-93, les événements se précipitent ; l'action est double ; le colonel Combes se lance de nouveau vers l'Est, à la poursuite de Samory, qu'il essaie de couper de la colonie anglaise de Sierra-Leone. Il le refoule vers l'Est dans la direction de Sikasso, mais Samory se dérobe par une fuite rapide.

Le colonel Archinard, lui, se propose de réduire définitivement Ahmadou et il va le chercher dans le Macina. Il part de Ségou et s'empare de Diéné, de Mopti, de Bandiagara. Mais Ahmadou s'enfuit précipitamment dans la boucle du Niger.

Les Français approchaient aussi des portes de Tombouctou.

Ce fut la logique même des événements qui les y fit entrer.

En même temps qu'Ahmadou, les Toucouleurs étaient définitivement défaits. Les villes du Niger, dont le pillage les avait aidés à vivre, se trouvaient heureuses de secouer le joug.

Aussi les populations sédentaires s'étaient ressaisies et laissaient paraître une tendance à s'unir contre les nomades. Elles ne pouvaient le faire efficacement sans la protection de la France. Elles le comprirent fort bien. C'est pourquoi Archinard recevait à Mopti, une députation des habitants de Tombouctou, venant lui demander son aide contre les Touaregs.

Le colonel Archinard avait préparé la voie, mais comme il arrive souvent, le destin en avait choisi un autre pour la parcourir jusqu'au bout. Les Italiens ont un proverbe qui leur vient sans doute de leurs ancêtres : « Celui qui, sur dix pas, en a fait neuf, n'a fait encore que la moitié du chemin ».

Si cela est vrai du coureur dont les pieds agiles soulèvent la poussière du stade, combien plus encore du stratège qui n'est jamais si loin du succès que lorsqu'il le touche de très près.

On trouva, en France, que le colonel Archinard était trop audacieux, en voulant se porter sur Tombouctou ; on le rappela.

C'est cependant, son successeur, le lieutenant-colonel Bonnier, qui, le 12 décembre 1893, y envoya le lieutenant de vaisseau Boiteux, commandant la flottille du Niger. Le lieutenant-colonel Bonnier fut, peu de temps après, massacré, avec sa colonne, au cours d'une reconnaissance qu'il effectuait aux environs de Tombouctou. Mais le commandant Jeoffre assura aussitôt, par une série de mesures efficaces, la sécurité de la région.

A cette même date de 1893, le Soudan était érigé en colonie et recevait un gouverneur civil.

*
* *

Je m'arrête à ce moment décisif dans l'histoire de l'Afrique Occidentale française : ainsi donc de la ligne Kayes-Bammako, prise comme point de départ, les colonnes ont rayonné en tous sens, vers le Nord, l'Est et le Sud, pourchassant l'ennemi, le réduisant à ne plus être, tel Ahmadou, tel Samory, que des fantômes errants ; chaque territoire abandonné devient immédiatement terre française ; des postes sont fondés, des garnisons établies, les populations sauvées reviennent au calme sédentaire ; elles reprennent goût à la terre ; elles envoient même de nombreuses recrues aux tirailleurs ; les villages se relèvent de leurs cendres ; la vie, animant ces ruines, va les faire disparaître ; encore quelqu'effort et la désolation des steppes disparaîtra sous la richesse des moissons.

Treize années ont suffi ! Et voilà que non contents de camper sur les deux rives du Niger, les soldats de la France occupent le sommet de la Boucle.

Le drapeau aux trois couleurs flotte sur les forts de Tombouctou, la ville sainte, la grande cité d'Afrique, de Tombouctou, dont le nom résonne comme un de ces coups sourds et réguliers qui anime les *tabalas* de guerre, de Tombouctou, dont le mystère, aujourd'hui pénétré, attirait autrefois tant de rêves errants.

Mais allons aux résultats.

Il ne suffisait pas à Archinard, en ouvrant l'accès de Tombouctou de signaler une source nouvelle de richesses, cette précieuse contrée des lacs nigériens où l'inondation annuelle procure les mêmes bienfaits que dans la vallée du Nil.

Il y avait plus et mieux.

La position de Tombouctou rendait facile l'acquisition des rives du Niger jusqu'aux confins anglais de la région inférieure.

Elle présentait encore, au point de vue de la domination dans le centre africain, un intérêt considérable ; car elle constituait un poste avancé d'où il était possible, par de nombreuses opérations de police, de maintenir et de refouler sur la portion saharienne du Soudan des confédérations de nomades étroitement organisées, je veux parler de ces gens qui, lors des luttes contre Ahmadou n'avaient pas ménagé leurs sympathies aux Toucouleurs et dont le fanatisme religieux était toujours prêt à entrer en jeu ; les Maures, riverains du Sénégal et les Touaregs, riverains du Niger, demi-nomades aussi et comme eux, exploiteurs impitoyables des agriculteurs et des négociants sédentaires.

Et puis l'occupation de Tombouctou permettait de lancer une idée grandiose, si déconcertante dès l'abord qu'elle eut longtemps des détracteurs passionnés même parmi les meilleurs, mais qui étant frappée au coin d'un patriotisme éclairé, finit par passer dans le domaine des faits réalisés : joindre l'Algérie de l'extrême Sud au Soudan du Nord, établir un courant de circulation continue entre ces deux parties de l'Afrique française.

Mais le succès des idées est contagieux.

Car voici que les foules, familiarisées avec les rapprochements des distances s'emplissent d'allégresse, à la pensée que bientôt l'aéroplane asservira au trajet d'Alger à Tombouctou, la plus noble conquête, n'en déplaise aux mânes de Buffon, que l'homme ait jamais faite, celle de l'air.

Pour achever la mainmise sur le Soudan, c'est-à-dire pour s'acheminer vers la formation de l'Afrique Occidentale française, il ne restait plus, après l'occupation de Tombouctou qu'à prendre pied dans la boucle du Niger. Ce fut autant le résultat d'expéditions militaires que d'explorations scientifiques. Mais en vertu de la théorie du déplacement successif des centres, c'était Tombouctou qui devenait désormais base d'opération et c'était de là que l'influence allait rayonner ; les régions à l'Est du Macina et riveraines de la Volta étaient successivement occupées ; le colonel Audéoud s'emparait de Sikasso en mai 1898. Samory luttait toujours ; mais la prise de Sikasso le rejetait hors du Soudan ; il se portait alors vers la haute Côte d'Ivoire, espérant s'y tailler un nouvel empire.

C'est dans ces régions que le commandant de Lartigue et le capitaine Gouraud opérèrent sa capture en septembre 1898.

En vérité, il n'était plus guère redoutable et vivait surtout sur ses exploits passés. On peut dire que la capture de Samory, coïncidant avec l'occupation de la boucle du Niger, mettait fin aux guerres du Soudan.

*
* *

Mais la sphère d'influence française ne devait pas encore se limiter aux territoires de la boucle du Niger et aux environs immédiats de Tombouctou.

De 1893 à 1900, nous assistons à une nouvelle marche en avant ; elle prend le Tchad comme point de direction.

C'est le carrefour où vont se rencontrer ces missions dues, soit à l'initiative de la société de géographie, soit à l'inspiration officielle et dont les travaux tiennent à la fois de l'exploration et de l'expédition. Remarquez, en passant, cette unité de doctrine qui des origines à nos jours ne cessa de présider à la création de l'Afrique Occidentale française. On cherchait toujours à mettre des marches militaires, c'est-à-dire des zônes de protection entre les pillards du désert et les populations sédentaires, vouées aux travaux de la paix. La marche sur le Tchad n'avait point d'autre but.

C'était, à cette époque, une question pressante, car un nouvel ennemi apparaissait à l'horizon : émule des Ahmadou et des Samory, comme eux, chasseur d'esclaves et comme eux aussi tout échauffé d'un islamisme de commande, Rabah arrivait à grand fracas des régions du Haut-Nil, du Darfour. Il avait débuté aux services de Zobeir Pacha, ancien moudir des provinces égyptiennes de la Nubie. Ce fut son maître à la guerre.

Ce conquérant devenu alors sédentaire s'était établi au nord du Tchad dans le Baguirmi, pays riche où il était assuré d'une exploitation de longue durée. Il n'entendait pas aussi qu'on vint y troubler sa quiétude. Les missions Cazamajou et Bretonnet menaçaient de déranger ce repos mal gagné ; Rabah les fit massacrer en 1898 et 1899.

En 1899, l'occupation du Tchad fut alors décidée, ce qui devait amener le refoulement de Rabah.

On n'était pas sans données sur le Tchad. Crampel, dès 1890, avait été massacré sur la route. Le colonel Monteil, en 1892, l'avait atteint par Say, Sokoto et avait ensuite, à travers le Sahara, gagné la Tripolitaine.

Mizon, Maistre s'en étaient approchés, en 1892, le premier, en remontant la Bénoué, le second en traversant l'Adamaoua.

En 1894, le gouverneur Clozel avait, dans les plaines de gigantesques roseaux qui bordent les rives du lac, fondé Fort-Carnot. Gentil, après avoir placé le Baguirmi, sous le protectorat de la France, faisait flotter, sur le Tchad, le drapeau tricolore, à bord de son vapeur, le *Léon Blot*. Au prix de quels efforts, ces hommes vaillants avaient atteint leur but, de quelles morts glorieuses tombèrent ceux qui ne devaient plus revenir, je vous le laisse à penser !

Mais en 1877, l'action devint décisive.

Trois missions, l'une venant du Chari, sous les ordres de Gentil, la seconde, arrivant de l'Afrique centrale, sous les ordres des lieutenants Joalland et Meynier, la dernière provenant de l'extrême sud algérien, la mission Foureau-Lamy opérèrent leur jonction sur le Tchad et livrèrent à Rabah un combat acharné. Le sultan y fut tué, mais la mort qu'y trouva le commandant Lamy fut une de ces pertes dont l'armée et le monde colonial demeurent inconsolables. Le Tchad devenait alors en partie un lac français.

Ainsi, de Niamey sur le Niger jusqu'à Nguigui, sur le Tchad, une série de postes, ayant Zinder comme centre, Agadès et Bilma comme avancées, jalonnent ces solitudes effroyables. C'est le désert absolu, comme portent les cartes, c'est le pays de la soif, que sillonnent seulement des méharistes en tournées, chargés de tenir en respect les pillards du désert.

Dans ces régions perdues où rien n'apparaît sur le

sable que les ossements blanchis de quelques caravanes, abîmées dans une tourmente, nous touchons
aux fins fonds de l'Afrique occidentale. Elle vient
donc en bordure du Tchad, l'immense colonie! le
Kanem et le Chari la font communiquer en ce point
avec l'Afrique équatoriale; par delà l'immensité du
Sahara elle confond ses sables avec ceux des déserts
d'Algérie. C'est le bloc de l'Afrique française!

Vous avez suivi toute cette ligne d'étapes glorieuses
et parfois, hélas, douloureuses, vous avez été émus de
tant de vaillance et vous avez admiré cette progres-
sion continue, ce développement patient et minu-
tieux.

Peut-on concevoir, en effet, chose meilleure, qu'au
fur et à mesure de la conquête, de ramener les populations soumises à l'état sédentaire et de les initier aux
travaux de la paix, que de les protéger contre les pillards qui pullulent en refoulant ces derniers au delà
d'une zone de protection, et que de créer des marches militaires où des méharistes, véritable maré-
chaussée du désert, donnent, par une circulation continue, la chasse à ces hardis corsaires ?

Cette manière, due au génie de Faidherbe, est toujours à la mode ; car du Tchad à l'Atlantique, la
bordure Ouest et Nord de l'Afrique Occidentale est,
sans interruption, toute ouatinée de ces sortes
d'états-tampon : le territoire militaire du Niger, la
région de Tombouctou et la Mauritanie. Mais cette
manière, si forte soit-elle, n'eût pas toujours suffi ;
une certaine politique devait heureusement l'assister
dans les rapports de la France avec toutes ces populations à peine appelées à la vie normale, celle qui consiste à substituer, dès qu'il se peut, le charme pres-

que tonjours irrésistible de l'affection à la crainte parfois stérile de la force. C'est cette politique que M. William Ponty, apportant, pour la définir, toute la merveilleuse finesse de son esprit, appelait avec un rare bonheur la « politique d'apprivoisement »·

*
* *

Je vous ai déjà parlé des populations maures, race blanche, d'origine berbère, de religion musulmane et qui furent, en Afrique Occidentale, les propagateurs de l'Islam, peuple de pasteurs et de guerriers vivant en campement et en déplacement suivant les saisons, divisés en tribus maraboutiques et en tribus guerrières et payant des redevances aux princes sous la protection desquels ils sont placés. Leur pays qui part des rives du Sénégal, borde l'Atlantique et monte vers le Nord pour confiner à l'extrême Sud du Maroc, est un pays de dunes d'où émergent par certains endroits des massifs rocheux.

Dès les premiers temps de l'occupation française au Sénégal, des relations, nécessitées par le voisinage, furent nouées avec ces Maures. On les subissait. En 1900 apparut l'intérêt politique d'implanter l'influence française en Mauritanie. Une convention avec l'Espagne, relativement aux délimitations de sa possession du Rio de Oro, laissa toute liberté à la France dans cette contrée.

C'est le moment que M. le gouverneur général Roume choisit pour tenter une action efficace. Il érigea la Mauritanie en un commandement distinct qu'il confia au secrétaire général Coppollani. Ce dernier allait renouveler le voyage du capitaine Vincent dans l'Adrar, quand il périt assassiné.

On vit s'élever en Mauritanie l'influence d'un marabout, Bou el Maïni. A sa voix, le fanatisme religieux souleva les tribus. On apprit bientôt qu'il n'était qu'un agent du sultan du Maroc et que les mouvements suscités par lui étaient comme une exécution lointaine d'ordres donnés à Fez.

Vous comprenez la situation gênante, oppressante qui en résultait pour le Sénégal.

Aussi reprenant l'idée de Faidherbe, M. le gouverneur général Ponty estima qu'il fallait donner de l'air au Sénégal et assurer sa tranquillité fort au loin. Il importait de couper le mal dans sa racine; mais cette racine était profonde; elle s'enfonçait jusque dans l'Adrar.

L'Adrar, avec les oasis d'Atar, était le grenier où après s'être approvisionnées, les tribus battaient le pays, tout en courant vers le Sénégal. La prise d'Atar était donc l'objectif donné par M. Ponty à la colonne dont le colonel Gouraud prit le commandement en 1908.

Vous connaissez ces faits qui datent d'aujourd'hui : vous avez subi l'attrait de cette actualité. Le colonel Gouraud, pendant plus d'un an, avec 1.500 hommes à peine, battit l'estrade à travers la Mauritanie, à plus de 600 kilomètres de sa base de ravitaillement, et s'empara de l'Adrar. En leur enlevant le pays des dattes, il mettait ainsi à la raison ces Maures vagabonds et pillards et faisait rentrer désormais la Mauritanie dans l'orbite de l'Afrique Occidentale française.

La campagne de Mauritanie fut le dernier acte accompli par la France pour faire aux colonies de l'Afrique Occidentale comme une bordure de protection allant de l'Est à l'Ouest, et destinées à contenir au loin, ces populations agitées, chez lesquelles on ne sait trop qui l'emporte ou du fanatisme religieux ou du besoin immodéré de brigandage.

Au cours de la formation de ce bloc immense qu'est l'Afrique Occidentale, vous avez assisté comme dans un haut-fourneau gigantesque à la fusion de ces deux masses cohésives : le Sénégal et le Soudan et la coulée de leurs parois : les territoires de Zinder, de Tombouctou et la Mauritanie. D'autres parties, toutes en longueur, vinrent adhérer à cette fonte à peine refroidie par de très fortes soudures. Ce sont : la Guinée, la Côte d'Ivoire, le Dahomey. Ces soudures sont l'œuvre commune de l'administration supérieure, de la conquête, de l'exploration. Car il ne suffisait plus désormais d'avoir conquis les régions soudanaises, il fallait encore leur dégager des couloirs d'accès à la mer.

La Guinée, ce sont les anciens établissements des rivières du Sud, faits de la réunion des comptoirs côtiers, existant depuis des siècles et auxquels vinrent s'adjoindre d'abord le Fouta-Djallon dont l'almamy avait, en 1881, passé un traité avantageux avec la mission Bayol-Noirot, puis ensuite des morceaux détachés de l'ancien Soudan.

La convention du 12 mai 1886 avec le Portugal et les arrangements du 10 août 1889 et du 26 juin 1891 avec l'Angleterre délimitent les frontières de la Guinée française d'avec la Guinée portugaise et les colonies de Sierra-Leone.

C'est M. Etienne, alors qu'il était sous-secrétaire d'Etat aux colonies, qui, confiant en l'avenir de la Guinée, l'érigea, en 1889, en une colonie indépendante du Sénégal auquel elle était administrativement rattachée. Il en nomma gouverneur Victor Ballay, Victor Ballay à qui la Guinée doit son développement et dont la mort, comme gouverneur général de l'Afrique Occidentale française, eût été une perte irréparable, si ses successeurs n'avaient repris son œuvre, en y apportant chacun leur marque personnelle.

*
* *

J'ai déjà rappelé que vers 1890, l'attention des commandants et officiers de la station navale des côtes occidentales d'Afrique s'était portée sur la région qui s'appelle aujourd'hui la côte d'Ivoire. Bouet-Willaumez, entre autres, attacha son nom à l'exploration hydrographique des estuaires et à la fondation de comptoirs côtiers. Faidherbe lui-même avait construit, aux environs de 1853, un fort à Dabou. A la Côte d'Ivoire, les commerçants étaient alors nombreux et les comptoirs prospéraient.

Remarquons l'importance que ce réseau de postes : Dabou, Assinie, Grand-Bassam, d'autres encore, présentaient pour l'avenir ; grâce à ces têtes d'étapes, la France sera désormais prête pour l'expansion vers l'intérieur lorsque les grands voyages scientifiques en auront démontré l'importance.

Pendant la première moitié du xixe siècle, l'Afrique

était mal jugée. La croyance que la chaîne des montagnes de Kong limitaient la Guinée à une série de petits établissements côtiers, d'échelles, de comptoirs, avait eu pour effet d'arrêter toute tentative de pénétration. La Côte d'Ivoire fut alors négligée.

Sa conquête, toute pacifique, ne date que de l'exploration de Binger.

En prononçant ce nom, j'ai cité l'un des meilleurs artisans de ce grand œuvre qu'est notre Afrique Occidentale. Binger ! Quel parfum d'héroïsme juvénile dégageait il y a vingt ans l'odyssée de ce lieutenant, officier d'ordonnance de Faidherbe, alors grand chancelier de la Légion d'honneur, et que les souvenirs vécus du maître avaient enflammé d'une irrésistible ardeur. A un tel contact, Binger s'était senti animé d'une foi invincible.

Binger partit de Saint-Louis, passa par Kayes et Banmako, d'où il se rendit à Grand-Bassam à travers le pays de Kong, non sans visiter toutefois le Mossi et le Dagoumba. Il opéra sa jonction avec une autre mission, venue de Grand-Bassam, au-devant de lui, sous les ordres de M. Treich-Laplène, agent de la maison Verdier, qui, depuis 1870, avait reçu la garde du drapeau français sur ces rivages du golfe du Bénin.

En 1890, la Côte d'Ivoire était ainsi traversée en tout sens et se trouvait reliée par une ligne d'étapes avec le Soudan qu'en même temps les colonnes expéditionnaires conquéraient et pacifiaient. Et l'étonnement devient de la stupeur quand on songe que pour accomplir cette incroyable randonnée, Binger n'avait avec lui que quelques serviteurs !

Quant aux résultats d'une telle exploration, je vous

laisse à penser s'ils furent admirables. Je passe sous silence l'étude de la faune ou de la flore, les relevés topographiques, les observations météréologiques.

J'insiste simplement sur un fait, dont la portée, quand on en envisage les conséquences, fut incalcuble.

En démontrant, par ce mémorable voyage, que l'hinterland de ces régions permettait d'accéder au Soudan et à la boucle du Niger, Binger portait le coup fatal à cette théorie longtemps admise et que je viens de rappeler d'une barrière infranchissable élevée par la nature entre le littoral du Dahomey et de la Côte d'Ivoire et leurs arrière-pays.

A la suite de cette découverte, la conquête de la boucle du Niger apparaissait comme une œuvre de politique pratique et inéluctable. Tous les points occupés par la France sur la côte devenaient autant de débouchés pour le Soudan; il était dès lors urgent et nécessaire d'unir ce Soudan à toute cette ramification de colonies qui s'en écartaient comme autant de branches d'une étoile. Tout se tient ainsi dans l'œuvre accomplie par la France dans l'Ouest africain ; c'est un immense réseau qu'elle tisse de toutes parts et dont les mailles vont se réunir en un seul filet qui s'étendra sur toute la contrée; l'occupation des hauts pays de la Guinée, de la Côte d'Ivoire et du Dahomey apparaissaient comme les conséquences nécessaires de la conquête du Soudan ; c'était désormais l'idée maîtresse.

Mais l'exploration de Binger présente encore cet intérêt tout local, qu'ayant tracé le sillon dans cette région de la Côte d'Ivoire, d'autres explorations allaient suivre qui devaient le creuser plus profondément et le diriger en tout sens. La France prend pied dans l'épaisse forêt et dans les savanes de l'arrière-pays. Des explorateurs parcourent la Côte d'Ivoire et dressent l'inventaire de ses richesses. Citons notamment les voyages de Marchand, de Clozel. Enfin les dernières colonnes lancées en 1897-1898, sur les traces de Samory et dont l'effort irrésistible emporta la ville de Sikasso avant que le célèbre almamy ne fut pris lui-même, opérèrent la soudure entre la Côte d'Ivoire et le Soudan.

La Côte d'Ivoire, ainsi découverte par Binger, avait reçu son brevet de colonie en 1893 ; Binger, en récompense de ses immenses services, en fut le premier gouverneur.

La convention du 14 juin 1898 avec l'Angleterre, en limitant l'extension de la Gold Coast vers le Nord et vers l'Ouest, a marqué du sceau diplomatique l'œuvre administrativement accomplie ; cette jonction du Soudan et de la Côte d'Ivoire était ainsi mise à l'abri de toute revendication étrangère.

*
* *

Au Dahomey, on trouve dès les temps anciens, comme au Sénégal, les traces de navigateurs normands. Dès le xviie siècle, un poste est fondé à Ouidah ; en 1851, traité entre la France et le roi du Dahomey : les Français peuvent commercer dans toutes les villes du royaume ; en 1863, protectorat sur le royaume de Porto-Novo ; en 1868, cession de Cotonou ; en 1878, confirmation de la cession de Cotonou ; la France y perçoit des droits de douanes. En 1883, confirmation du protectorat de Porto-Novo.

En 1887, Gléglé, roi du Dahomey, fait savoir à la

France qu'il ne reconnaît pas le traité de 1878, puis il somme les Français d'évacuer Porto-Novo et envahit le pays à la tête de ses bandes guerrières.

M. Etienne était alors sous-secrétaire d'Etat aux colonies. Il arrêta une politique de conciliation d'abord, de fermeté et d'action ensuite. Il en chargea M. Bayol, lieutenant-gouverneur des rivières du Sud. Il donnait déjà la mesure de sa connaissance en hommes, lorsqu'il chargeait Victor Ballay, du soin de créer, d'organiser la Guinée française ; il la donna encore par le choix qu'il fit de M. Bayol.

Ce dernier, envoyé en mission à Abomey auprès de Gléglé, ne put qu'assister à des égorgements quotidiens de victimes humaines. Il regagnait la côte, lorsque Gléglé mourut et que Béhanzin lui succéda.

Il fallut employer la force pour amener Béhanzin à reconnaître, en 1890, la cession de Cotonou et le protectorat de Porto-Novo. Puis une sorte de trêve momentanée se conclut.

En 1892, attitude irritante de Béhanzin. Ce fut le signal de la campagne du Dahomey, il allait être conquis et les anciens établissements du golfe du Bénin devaient se transformer en colonie autonome.

Le colonel Dodds, digne émule des Galliéni, des Archinard, des Borgnis-Desbordes, lance ses colonnes ; il emporte Cana, la ville sainte et Abomey, la capitale. En 1893, la lutte continue toujours, très pénible, dans le Haut-Dahomey. En 1895, Béhanzin est capturé. Dès 1894, M. Bayol avait été nommé gouverneur du Dahomey. Il devait se consacrer à une double tâche : l'organisation administrative et économique de la colonie et son extension vers le Niger.

Cette extension fut l'œuvre de la conquête diplomatique qui succéda alors à la conquête guerrière ; elle exigea un patient effort. Car, à cette époque, les nations européennes étaient emportées dans un grand courant d'expansion coloniale ; elles se lançaient éperduement au partage de l'Afrique. Dans cette lutte d'intérêts, il était opportun de montrer une fermeté, voire même une audace, non exclusive de courtoisie. Le gouverneur Bayol fut à la hauteur de sa tâche.

Le but à poursuivre, pour la politique française, c'était en partant du Dahomey, d'atteindre le Niger. La convention de 1890 entre la France et l'Angleterre avait sanctionné, d'une part, l'adhésion de la Grande-Bretagne au protectorat de la France sur Madagascar, d'autre part, la reconnaissance par la France des droits revendiqués par l'Angleterre sur le Bas-Niger. Une ligne allant de Say sur le Niger à Baroua sur le lac Tchad fut idéalement tracée pour marquer la limite méridionale de la zône d'influence française, au Tchad. Le riche royaume de Sokoto était laissé sous l'influence anglaise.

Il fallait donc réparer l'abandon des bouches du Niger et trouver, à ce déboire diplomatique, une compensation territoriale. Comme l'ont écrit MM. Dubois et Terrier, dans ce beau livre où ils content l'histoire d'un siècle d'expansion coloniale, « atteindre le « Niger par le Haut-Dahomey, c'était opérer à l'Ouest « la jonction du Haut-Dahomey avec le pays de Gou- « roumsi et de Kong, fermer à la Gold-Coast et au « Togo, l'accès de la boucle du Niger ».

Cette première retouche, sitôt qu'elle serait apportée à la convention de 1890 devait, pour produire un effet d'ensemble se continuer par la construction d'une voie ferrée allant de Cotonou au point le plus rapproché du Niger ; on suppléerait ainsi avantageusement au défaut d'emploi du Niger inférieur.

Sous l'impulsion de Bayol, une multitude d'explorateurs parcourut sans relâche tout le haut pays, signant des traités avec les chefs indigènes et s'empressant ainsi de créer à la France des titres de premier occupant. Il y eut, aux environs de 1893, un intéressant concours d'émulation entre les fonctionnaires et officiers français et ceux des puissances rivales, l'Angleterre et l'Allemagne ; c'était une véritable course aux traités. Que de noms il faudrait rappeler, pour citer la liste complète de ces vaillants explorateurs qui travaillèrent à joindre, dans ces parages, le Soudan au Dahomey, mettant ainsi la dernière main à la réunion effective des diverses colonies de l'Afrique Occidentale française !

L'effort donné par Bayol et ses collaborateurs entraîna ce résultat que la boucle du Niger devint terre française sans, à l'avenir, qu'aucune contestation puisse s'élever. En 1894, une nouvelle convention était signée entre la France et l'Angleterre ; cette convention prolongeait jusqu'au Niger la frontière entre le Dahomey et Lagos ; c'était assurer la continuité du Soudan par le Dahomey jusqu'à la mer.

La ligne provisoire Say-Baroua, tracée en 1890 se trouva de même rectifiée. Cette ligne part désormais du Niger, un peu en amont d'Ilo et laisse à la France, toute la région de Say ; ce qui fait tomber les rives nord et sud du lac Tchad dans la zone d'influence française. Ajoutons que le chemin de fer de Cotonou au Niger se construit actuellement.

Ajoutons encore qu'en 1897, un arrangement con-

clu avec l'Allemagne précisait que la France prenait
le Gourma et l'Allemagne, le pays de Sansanné-
Mango ; de ce côté encore tout débat relatif à la question du Soudan et du Dahomey était terminé.

Après avoir évoqué le souvenir de ces anciennes que-
relles internationales, je dois, à la sincérité de mon
récit, de rappeler qu'elles sont aujourd'hui définitivement closes et que la France, l'Angleterre et l'Allemagne, ces trois anciennes rivales pour le partage de
l'Ouest-africain n'y sont plus que de nobles émules
cherchant à se dépasser mutuellement dans leur
course vers la réalisation d'un idéal de colonisation
supérieure.

Quoiqu'il en soit, c'est la diplomatie qui en habile
ouvrière achevait, par ses succès au Dahomey de réunir
ensemble et d'une seule pièce les divers morceaux de
l'Afrique Occidentale française.

Cette dernière, après qu'elle fut constituée devait,
en 1899 et surtout en 1904, recevoir son organisation
administrative.

*
* *

Mais je m'arrête, car dans une conférence, il faut
savoir se résoudre aux sacrifices nécessaires. On ne
peut tout dire ; je dois donc me borner. Trop heureux
si j'ai pu vous faire saisir, avec l'exposé de cette leçon
d'énergie donnée par la France en Afrique Occidentale, ce que le cardinal de Richelieu appelait « l'unité
« d'un même esprit et la suite des mêmes desseins et
« moyens ».

N'était-il pas d'ailleurs tout indiqué de parler
d'énergie dans cette Belgique qui en multiplie les

preuves sous toutes les formes de l'activité ? Et surtout, dans l'enceinte même de cette Exposition, alors
que par un geste de défi aux destins contraires et
reprenant à son compte mais dans un sens opposé
le mot de Tacite : *etiam perierunt ruinœ*, la Belgique
en effaçait les ruines amoncelées par le plus stupide
des hasards et donnait ainsi aux peuples de la terre,
accourus à cette fête grandiose du génie humain, le
plus bel exemple qui se puisse concevoir de volonté
indomptable ?

LAVAL. — IMPRIMERIE L. BARNÉOUD ET Cⁱᵉ.